쑥쑥 급수한자 쓰기노트

KB276015

허은지 · 박진미 공저

格	見	決	結	關	具
격식 **격**	볼 **견**	결단할 **결**	맺을 **결**	관계할 **관**	갖출 **구**
能	當	德	歷	練	法
능할 **능**	마땅 **당**	큰 **덕**	지날 **력**	익힐 **련**	법 **법**
變	兵	奉	史	士	産
변할 **변**	병사 **병**	받들 **봉**	사기 **사**	선비 **사**	낳을 **산**
商	鮮	性	束	識	臣
장사 **상**	고울 **선**	성품 **성**	묶을 **속**	알 **식**	신하 **신**
實	約	良	養	要	偉
열매 **실**	맺을 **약**	어질 **량**	기를 **양**	요긴할 **요**	클 **위**
陸	以	任	材	的	傳
뭍 **륙**	써 **이**	맡길 **임**	재목 **재**	과녁 **적**	전할 **전**
展	節	店	情	調	卒
펼 **전**	마디 **절**	가게 **점**	뜻 **정**	고를 **조**	마칠 **졸**
種	知	質	責	品	必
씨 **종**	알 **지**	바탕 **질**	꾸짖을 **책**	물건 **품**	반드시 **필**
化	凶				
될 **화**	흉할 **흉**				

* 준5급 배정한자는 총 100자입니다. 상하 각각 50자씩 나누어서 익힙니다.

차례

부수　八(여덟 팔)　中　兵(bīng) 삥

7 획　兵 兵 兵 兵 兵 兵 兵

병사 병　병사 병　병사 병

병사 **병**

교과서 한자어 · 兵士(병사) : 군대에 속하여 나라를 지키며 싸우는 사람

부수　尸(주검 시)　中　展(zhǎn) 잔*

10 획　展 展 展 展 展 展 展 展 展 展

펼 전　펼 전　펼 전

펼 **전**

교과서 한자어 · 展開(전개) : 일이 진행되면서 점점 펼쳐져 나아가는 과정

부수　士(선비 사)　中　士(shì) 스*

3 획　一 十 士

선비 사　선비 사　선비 사

선비 **사**

교과서 한자어 · 士氣(사기) : 용기를 가지게 하고 힘을 내게 하는 마음가짐

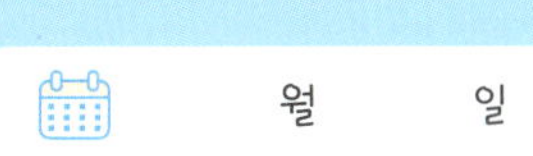

부수 木(나무 목)   中 材(cái) 차이

7획 材 材 材 材 材 材 材

材 / 材 / 材 /

재목 재   재목 재   재목 재

재목 **재**

• 材木(재목) : 집을 짓거나 물건을 만들 때 쓰는 나무
교과서 한자어 • 材木(재목) : 집을 짓거나 물건을 만들 때 쓰는 나무

부수 十(열 십)   中 卒(zú) 쭈

8획 卒 卒 卒 卒 卒 卒 卒 卒

卒 / 卒 / 卒 /

마칠 졸   마칠 졸   마칠 졸

마칠 **졸**

교과서 한자어 • 卒業(졸업) : 학교 과정을 다 마치고 끝내는 것

부수 阜(언덕 부) / 阝(좌부변 부)   中 陆(lù) 루

11획 陸 陸 陸 陸 陸 陸 陸 陸 陸 陸

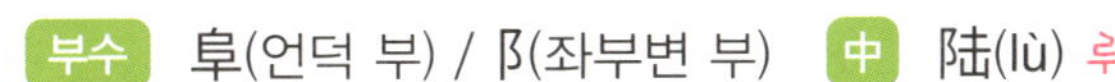

陸 / 陸 / 陸 /

뭍 륙   뭍 륙   뭍 륙

뭍 **륙**

교과서 한자어 • 陸地(육지) : 물에 덮이지 않고 드러나 있는 땅

5 획　以 以 以 以 以

以
써 **이**

以 / 써이
以 / 써이
以 / 써이

・以後(이후) : 어떤 때를 기준으로 하여 그 뒤의 시간

13 획　傳 傳 傳 傳 傳 傳 傳 傳 傳 傳 傳 傳

傳
전할 **전**

傳 / 전할 전
傳 / 전할 전
傳 / 전할 전

・傳來(전래) : 오래전부터 전해져 내려온 것

12 획　結 結 結 結 結 結 結 結 結 結 結

結
맺을 **결**

結 / 맺을 결
結 / 맺을 결
結 / 맺을 결

・結果(결과) : 어떤 일 뒤에 나타나는 마지막 상태

부수 白(흰 백)　中 的(de) 더

📖 · **目的**(목적) : 앞으로 이루고 싶어 하는 바람이나 방향

材 木

재목

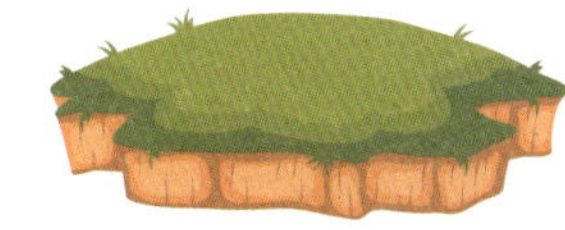

陸 地

육지

卒 業

졸업

傳 來

전래

한자 훈음 익히기

1 다음 초성 힌트에 맞는 한자에 ◯ 하고, 훈음을 써 보세요.

① ㅈ ㅁ ㅈ   村 材 林   훈　　음

② ㅂ ㅅ ㅂ   丘 岳 兵   훈　　음

③ ㅍ ㅈ   展 屋 屈   훈　　음

④ ㅅ ㅂ ㅅ   土 七 士   훈　　음

⑤ ㅁ ㅊ ㅈ   卒 來 平   훈　　음

⑥ ㅈ ㅎ ㅈ   傳 傅 博   훈　　음

⑦ ㅁ ㅇ ㄱ   絡 級 結   훈　　음

⑧ ㅆ ㅇ   汄 以 从   훈　　음

⑨ ㄱ ㄴ ㅈ   旳 的 故   훈　　음

⑩ ㅁ ㄹ   陞 陵 陸   훈　　음

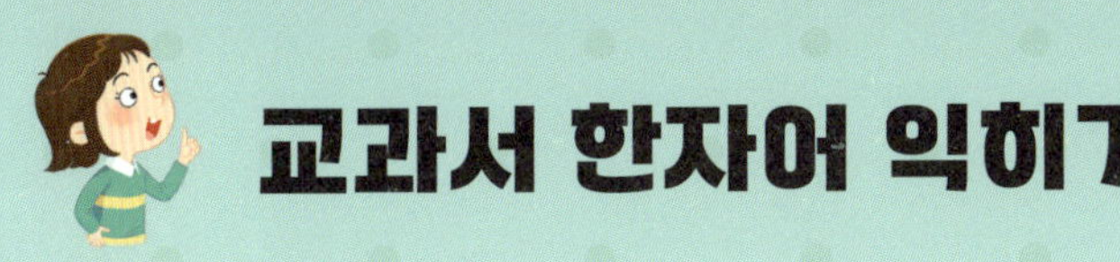

교과서 한자어 익히기

2 의미에 맞는 한자어를 연결한 후, 훈음에 맞은 한자를 보기 에서 찾아 써 보세요.

보기   卒　的　氣　開　業　兵　展　士　目

① 앞으로 이루고 싶어 하는 바람이나 방향　　•　　　•　전개

펼 전	열 개

② 용기를 가지게 하고 힘을 내게 하는 마음가짐　　•　　　•　졸업

마칠 졸	업 업

③ 학교 과정을 다 마치고 끝내는 것　　•　　　•　사기

선비 사	기운 기

④ 군대에 속하여 나라를 지키며 싸우는 사람　　•　　　•　병사

병사 병	선비 사

⑤ 일이 진행되면서 점점 펼쳐져 나아가는 과정　　•　　　•　목적

눈 목	과녁 적

보기 　材　果　後　來　地　傳　以　結　木　陸

6 집을 짓거나 물건을 만들 때 쓰는 나무　•　•　결과

맺을 결	실과 과

7 어떤 때를 기준으로 하여 그 뒤의 시간　•　•　재목

재목 재	나무 목

8 오래전부터 전해져 내려온 것　•　•　육지

뭍 륙	땅 지

9 어떤 일 뒤에 나타나는 마지막 상태　•　•　이후

써 이	뒤 후

10 물에 덮이지 않고 드러나 있는 땅　•　•　전래

전할 전	올 래

문장 속 한자 익히기

3 문장 속 한자어의 독음을 보기 에서 골라 쓰세요.

보기

병사	백성	별명	전술	결과	승리	병졸	적중
인재	육지	사기	이외	용기	전개	전	

권율 이야기

임진왜란이 일어나자 권율 장군은 행주산성에서 수많은 兵卒 **1.** ______ 들과 함께 나라를 지켰어요. 그는 "勝利 **2.** ______ 는 百姓 **3.** ______ 을 위한 것이다!"라고 외치며 士氣 **4.** ______ 를 북돋웠지요. 왜군은 거센 공격을 했지만, 장군과 兵士 **5.** ______ 들은 끝내 적을 물리치고 승리의 結果 **6.** ______ 를 얻었답니다. 이 싸움에는 장수와 병사 以外 **7.** ______ 에도 부녀자들이 돌을 나르며 힘을 보탰어요. 행주대첩은 나라에 큰 勇氣 **8.** ______ 를 주었고, 오늘날까지 傳 **9.** ______ 해지며 권율 장군의 충성과 지혜를 기리고 있어요.

곽재우 이야기

임진왜란이 일어나자 곽재우 장군은 제일 먼저 고향의 人材 **10.** ______ 들을 모아 의병을 일으켰어요. 그는 나라가 위기에 빠졌을 때 가장 먼저 나선 영웅이었지요. 정암진 전투에서 그의 戰術 **11.** ______ 은 的中 **12.** ______ 하여 陸地 **13.** ______ 로 공격을 展開 **14.** ______ 하던 왜군의 기세를 단숨에 꺾었답니다. 곽재우는 항상 붉은 옷을 입고 싸워 '홍의장군'이라는 別名 **15.** ______ 으로 불렸어요. 그가 보여준 용기와 지략은 백성들에게 큰 희망이 되었고, 지금까지도 전해져 나라를 구한 의병장의 상징으로 기억되고 있어요.

4 뜻에 알맞은 성어를 연결한 후, 문장에 어울리는 성어를 골라 쓰세요.

❶	❷	❸
마음과 마음으로 서로 뜻이 통함.	예로부터 지금까지	큰 재목을 작게 쓴다. 큰 재목은 큰 일에 쓰여야 한다는 말.

자고이래
따 라 쓰 기

스스로 자	예 고	써 이	올 래

이심전심
따 라 쓰 기

써 이	마음 심	전할 전	마음 심

대재소용
따 라 쓰 기

큰 대	재목 재	작을 소	쓸 용

가

A: 이렇게 농사짓는 방법은 언제부터 해온 걸까?

B: ☐☐☐☐ 내려오던 전통이래.

나

A: 이렇게 뛰어난 연기력을 가진 배우를 단역으로만 쓰다니…

B: 정말 ☐☐☐☐ 이야. 재능을 제대로 활용하지 못하고 있잖아.

다

A: 상원아, 지금 딱 라면 생각나지 않아?

B: 와, 나도 방금 그 말 하려고 했는데… ☐☐☐☐ 이네.

신나는 코딩 놀이

월 일

그림판에 있는 모양대로, 점을 이어 한자를 똑같이 그려 보세요.
(숫자를 따라 그린 후 어떤 한자가 완성되는지 아래에 훈과 음을 써 보세요.)

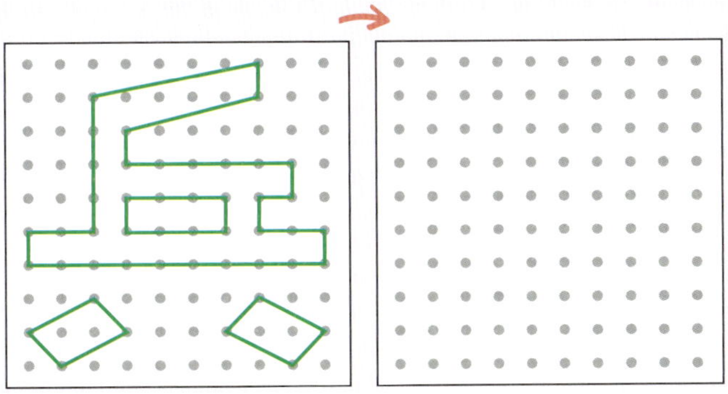

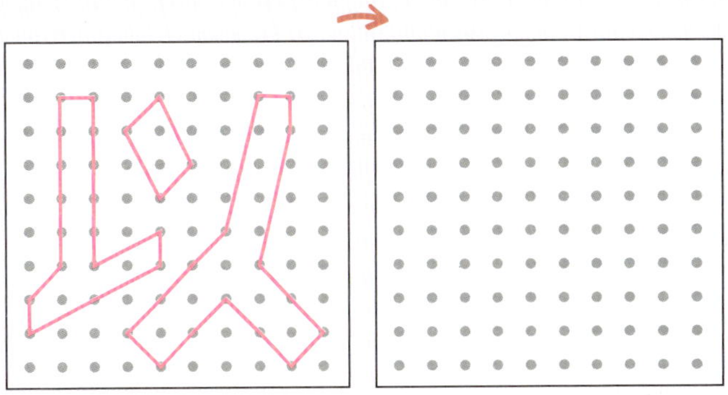

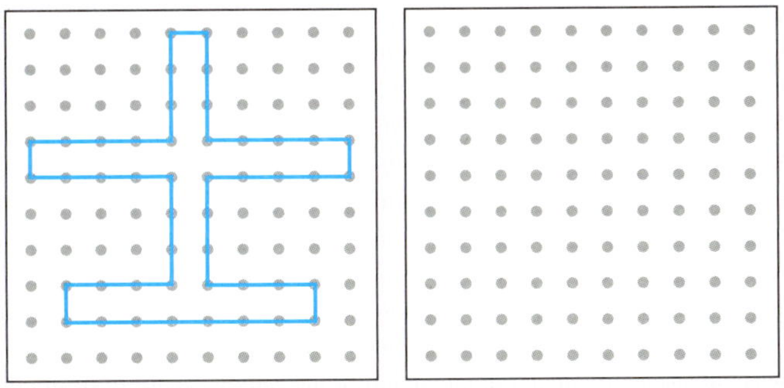

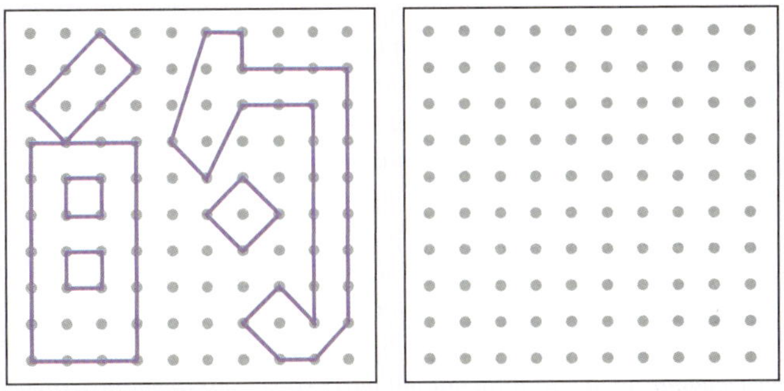

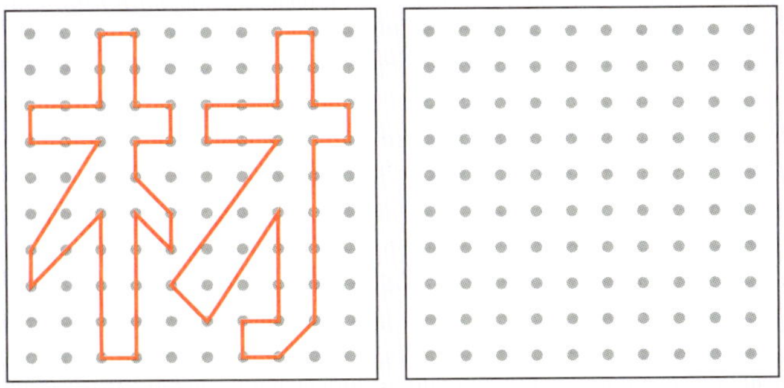

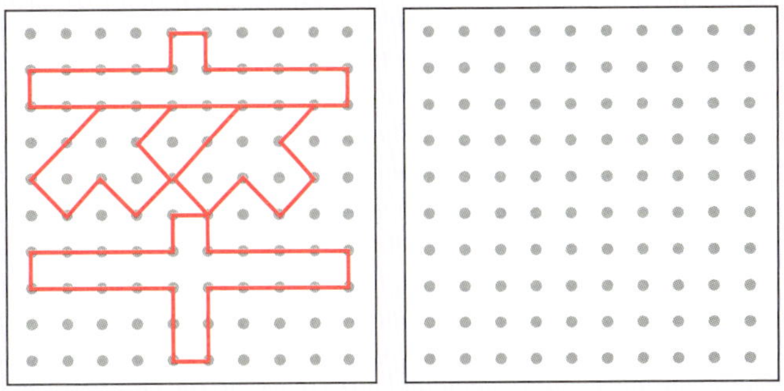

부수 凵(위튼입구몸)　中 凶(xiōng) 씨옹

4 획　凶 凶 凶 凶

흉할 흉　흉할 흉　흉할 흉

흉할 **흉**

교과서 한자어 ・ 凶年(흉년) : 농사가 잘 되지 않아 먹을 것이 부족한 해

부수 臣(신하 신)　中 臣(chén) 천*

6 획　臣 臣 臣 臣 臣 臣

신하 신　신하 신　신하 신

신하 **신**

교과서 한자어 ・ 臣下(신하) : 임금을 모시며 나라 일을 맡아 하는 사람

부수 口(입 구)　中 史(shǐ) 스*

5 획　史 史 史 史 史

사기 사　사기 사　사기 사

사기 **사**

교과서 한자어 ・ 歷史(역사) : 예전부터 있었던 일이나 기록

부수 糸(실사변)　中 约(yuē) 위에

9획 約 約 約 約 約 約 約 約 約

約 約 約

맺을 약　맺을 약　맺을 약

맺을 **약**

· 公約(공약) : 여러 사람 앞에서 하는 약속

부수 貝(조개 패)　中 责(zé) 쯔어

11획 責 責 責 責 責 責 責 責 責 責 責

責 責 責

꾸짖을 책　꾸짖을 책　꾸짖을 책

꾸짖을 **책**

· 責任(책임) : 맡아서 해야 할 임무나 의무

부수 亻(사람인변)　中 任(rèn) 런

6획 任 任 任 任 任 任

任 任 任

맡길 임　맡길 임　맡길 임

맡길 **임**

· 任員(임원) : 어떤 단체에서 중요한 일을 맡아보는 사람

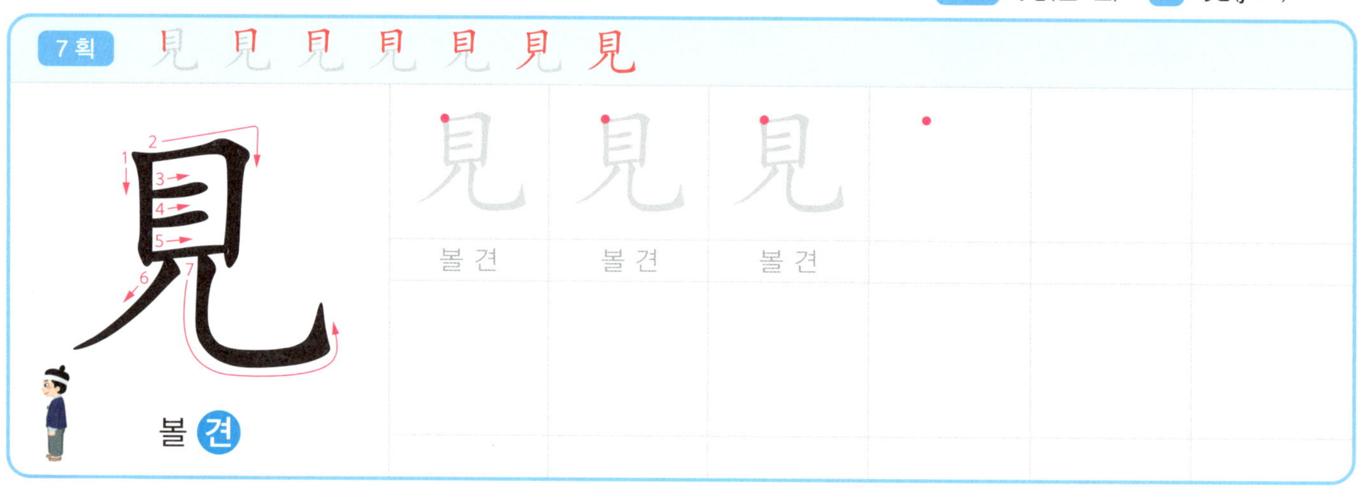

7 획　見 見 見 見 見 見 見

볼 **견**

볼견　볼견　볼견

• 意見(의견) : 어떤 일에 대해 가지는 생각

7 획　束 束 束 束 束 束 束

묶을 **속**

묶을 속　묶을 속　묶을 속

• 約束(약속) : 서로 지키기로 정하거나 다짐한 일

16 획　歷 歷 歷 歷 歷 歷 歷 歷 歷 歷 歷 歷 歷 歷 歷

지날 **력**

지날 력　지날 력　지날 력

• 歷史(역사) : 예전부터 있었던 일이나 기록

부수 彳(두인변) 中 德(dé) 더

15 획

큰 덕

道德(도덕) : 사람이 지켜야 할 바른 행동

歷 史
역사

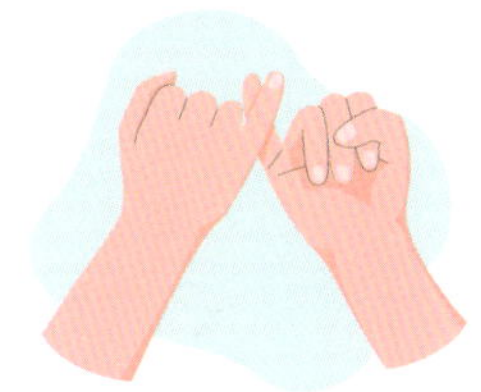
約 束
약속

見 學
견학

凶 年
흉년

1 다음 초성 힌트에 맞는 한자에 ◯ 하고, 훈음을 써 보세요.

① ㅅ ㅎ ㅅ   巨 匞 臣   훈   음

② ㅋ ㄷ   億 德 徤   훈   음

③ ㅁ ㅎ ㅇ   級 約 結   훈   음

④ ㅁ ㅇ ㅅ   束 東 柬   훈   음

⑤ ㅎ ㅎ ㅎ   区 㞷 凶   훈   음

⑥ ㅂ ㄱ   貝 具 見   훈   음

⑦ ㄲ ㅈ ㅇ ㅊ   責 貢 貴   훈   음

⑧ ㅁ ㄱ ㅇ   仾 任 仕   훈   음

⑨ ㅈ ㄴ ㄹ   麿 曆 歷   훈   음

⑩ ㅎ ㄱ ㅅ   史 吏 更   훈   음

교과서 한자어 익히기

2 의미에 맞는 한자어를 연결한 후, 훈음에 맞은 한자를 보기 에서 찾아 써 보세요.

보기   意 公 學 德 歷 約 臣 見 道 下

① 여러 사람 앞에서 하는 약속 • • 학력

배울 학	지날 력

② 임금을 모시며 나라 일을 맡아 하는 사람 • • 의견

뜻 의	볼 견

③ 학교에서 교육을 받은 경력 • • 도덕

길 도	큰 덕

④ 어떤 일에 대해 가지는 생각 • • 신하

신하 신	아래 하

⑤ 사람이 지켜야 할 바른 행동 • • 공약

공평할 공	맺을 약

보기   責 史 年 約 凶 任 束 責 歷 自

⑥ 농사가 잘 되지 않아 먹을 것이 부족한 해   •   •   역사

지날 력	사기 사

⑦ 자기 잘못을 스스로 탓함   •   •   흉년

흉할 흉	해 년

⑧ 맡아서 해야 할 임무나 의무   •   •   책임

꾸짖을 책	맡길 임

⑨ 예전부터 있었던 일이나 기록   •   •   약속

맺을 약	묶을 속

⑩ 서로 지키기로 정하거나 다짐한 일   •   •   자책

스스로 자	꾸짖을 책

문장 속 한자 익히기

3 문장 속 한자어의 독음을 **보기** 에서 골라 쓰세요.

보기

| 사육신 | 역사 | 신하 | 생육신 | 흉악 | 책임 | 부도덕 | 의견 |
| 행동 | 반대 | 세조 | 약속 | 후세 | 용기 | 왕위 | |

사육신 이야기

世祖 **1.** ______ 가 어린 단종을 몰아내고 임금이 되자, 많은 臣下 **2.** ______ 들은 그의 行動

3. ______ 이 不道德 **4.** ______ 하다고 여겼어요. 여섯 명의 충성스러운 신하들은 단종을 다시

王位 **5.** ______ 에 세우기로 約束 **6.** ______ 했지만, 곧 세조에게 발각되고 혹독한 고문을 당했

지요. 그들은 끝내 뜻을 굽히지 않고 凶惡 **7.** ______ 한 죽음을 맞이했으며, 後世 **8.** ______ 사

람들은 그들을 '死六臣 **9.** ______ '이라 불렀답니다. 비록 목숨을 잃었지만 그들의 충절은 조선의

歷史 **10.** ______ 를 빛내는 귀한 이야기가 되었고, 지금도 충성의 본보기로 전해지고 있어요.

생육신 이야기

사육신이 목숨을 걸고 뜻을 지켰다면, 또 다른 신하들은 다른 길을 택했어요. 그들은 세조의 즉위에 反

對 **11.** ______ 하는 意見 **12.** ______ 을 드러냈고, 단종을 지키려는 勇氣 **13.** ______ 를 보였지

만 끝내 막아내지는 못했지요. 그래서 스스로 責任 **14.** ______ 을 느끼며 벼슬을 거부하고 은둔의 삶을

살았답니다. 生六臣 **15.** ______ 이라 불린 이들은 세조의 회유와 압박에도 흔들리지 않고 충절을 지

켰어요. 그들의 선택은 역사속에서 조용히 빛나며, 사육신과 함께 충신의 또 다른 모습으로 오늘날까지

기억되고 있답니다.

4 뜻에 알맞은 성어를 연결한 후, 문장에 어울리는 성어를 골라 쓰세요.

① 어떠한 실물을 보면 그것을 가지고 싶은 욕심이 생김

② 어떤 일이 일어나기 전에 미리 앞을 내다보고 아는 지혜

③ 성질이 거칠고 사나우며 도덕적인 마음이 없음

흉악무도

따 라 쓰 기

흉할 **흉**	악할 **악**	없을 **무**	길 **도**

견물생심

따 라 쓰 기

볼 **견**	물건 **물**	날 **생**	마음 **심**

선견지명

따 라 쓰 기

먼저 **선**	볼 **견**	어조사 **지**	밝을 **명**

가
A: 야, 편의점에서 아이스크림 할인하길래 그냥 못 지나쳤어.
B: 또 샀구나? 완전 □□□□ 이네.

나
A: 그 사람, 진짜 사람 생명을 아무렇지도 않게 해쳤대.
B: 응, 완전히 □□□□ 한 인물이었지.

다
A: 시험에 그 문제 그대로 나왔다!
B: 그것 봐, 내가 미리 풀어보자고 했잖아~ 이게 바로 □□□□ 이지.

신나는 코딩 놀이

월   일

○ 가로, 세로, 진한 네모에 각각 한자가 한 번씩 들어갈 때 빈칸에 알맞은 한자를 쓰세요.

보기

凶 臣 史 約 責 任 見 束 歷 德

歷	見		德			約		史	
束		任		約	見		凶		德
	德			臣	凶				歷
史		凶	約			責	臣		見
		歷	臣	德	史	見	責	任	
見		史	責			臣	德		
約		束	見			凶	歷	臣	任
	歷			任	責				
德		約		史	臣		見		凶
	凶		束			德		歷	責

1. 가로줄, 세로줄, 진한 네모 안에는 같은 한자가 두 번 들어가면 안 돼요.
2. 모든 칸에 한자가 하나씩 꼭 들어가야 해요.

부수 忄(심방변)　中 性(xìng) 씽

8획 性 性 性 性 性 性 性

性

성품 성　성품 성　성품 성

성품 **성**

• 男性(남성) : 성별이 남자인 사람

부수 言(말씀 언)　中 调(tiáo) 티아오

15획 調 調 調 調 調 調 調 調 訶 訶 調 調 調 調

調

고를 조　고를 조　고를 조

고를 **조**

• 調和(조화) : 서로 잘 어울려 균형을 이룸

부수 艮(괘 이름 간)　中 良(liáng) 리앙

7획 良 ㄱ ㅋ ㅋ 良 良 良

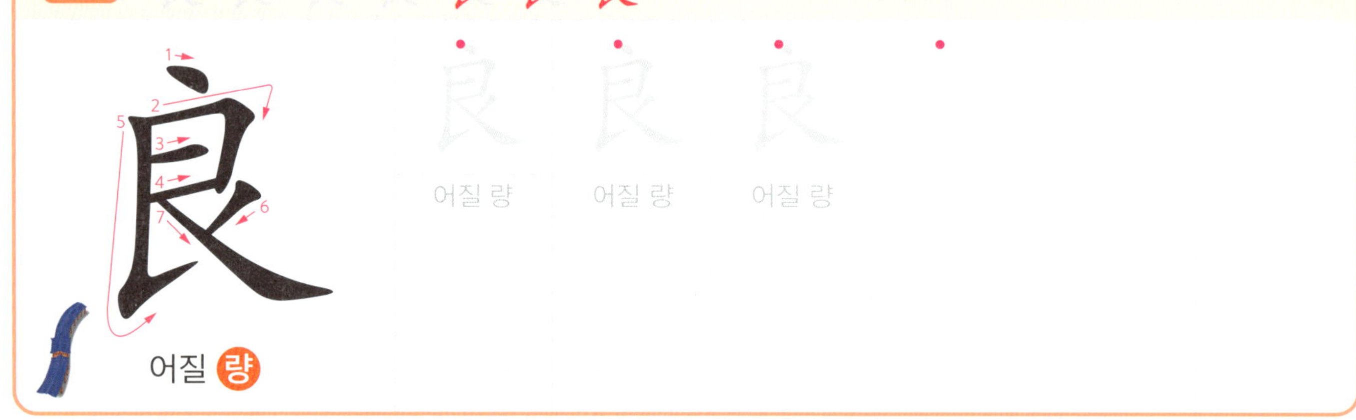

良

어질 량　어질 량　어질 량

어질 **량**

• 良藥(양약) : 병을 고치는 좋은 약

부수 大(큰 대)   中 奉(fèng) 펑

8획 奉 奉 奉 奉 奉 奉 奉 奉

奉 / 奉 / 奉

받들 봉   받들 봉   받들 봉

받들 **봉**

 • **信奉**(신봉) : 어떤 사상이나 인물을 굳게 믿고 따름

부수 食(밥 식)   中 养(yǎng) 양

15획 養 養 養 養 養 養 羊 羊 美 羍 羍 養 養 養 養

養 / 養 / 養

기를 양   기를 양   기를 양

기를 **양**

 • **敎養**(교양) : 사회생활에 필요한 지식과 품성

부수 禾(벼 화)   中 种(zhǒng) 쭝*

14획 種 種 種 種 種 種 種 種 種 種 種 種 種 種

種 / 種 / 種

씨 종   씨 종   씨 종

씨 **종**

 • **各種**(각종) : 각각의 여러 종류

부수 亻(사람인변) 中 伟(wěi) 웨이

11 획 偉 偉 偉 偉 偉 偉 偉 偉 偉 偉 偉

偉

큰 위

偉 偉 偉

큰 위 큰 위 큰 위

• 偉大(위대) : 훌륭하고 뛰어남

부수 口(입 구) 中 品(pǐn) 핀

9 획 品 品 品 品 品 品 品 品 品

品

물건 품

品 品 品

물건 품 물건 품 물건 품

• 商品(상품) : 사고파는 물품

부수 木(나무 목) 中 格(gé) 끄어

10 획 格 格 格 格 格 格 格 格 格 格

格

격식 격

格 格 格

격식 격 격식 격 격식 격

• 體格(체격) : 몸의 겉모양

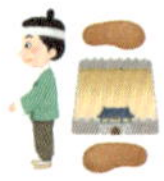

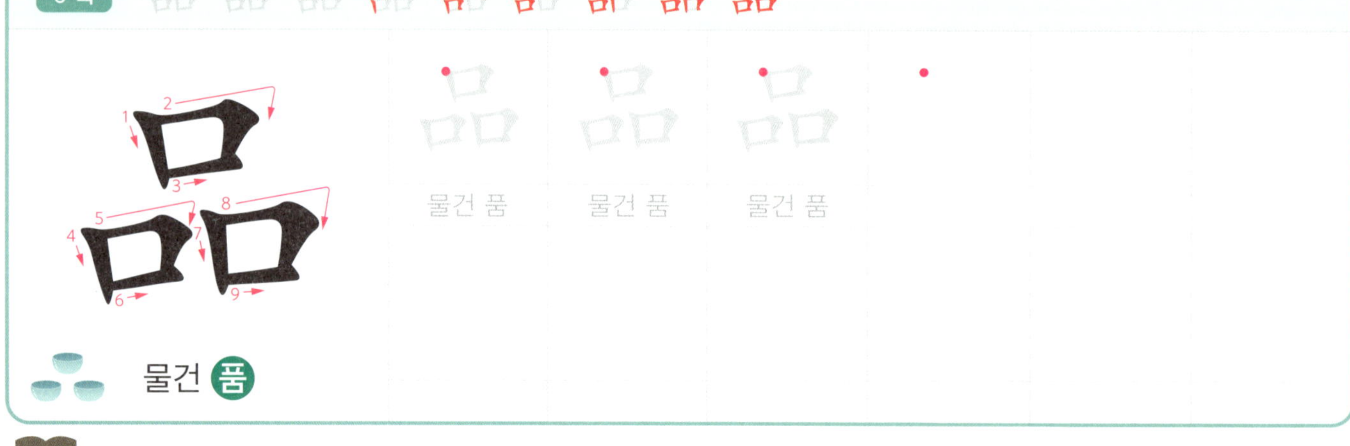

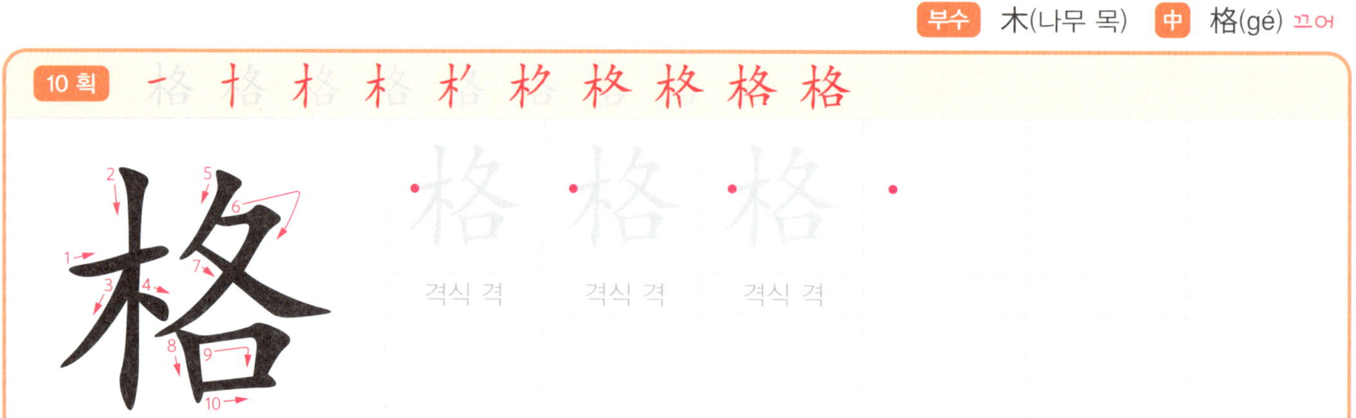

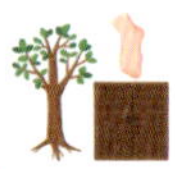

부수 貝(조개 패) 中 质(zhi) 쯔*

15 획 質 質 質 質 質 質 質 質 質 脣 脣 脣 脣 質 質

質
바탕 질

質 質 質

바탕 질   바탕 질   바탕 질

바탕 **질**

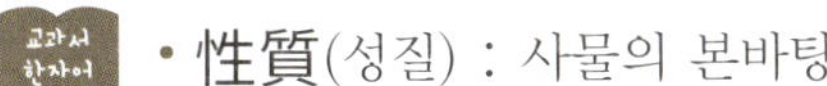

교과서 한자어 · **性質**(성질) : 사물의 본바탕

男 性

남성

教 養

교양

土 種

토종

體 格

체격

한자 훈음 익히기

1 다음 초성 힌트에 맞는 한자에 ○ 하고, 훈음을 써 보세요.

① ㅋ ㅇ   惲 偉 偉   훈 / 음

② ㄱ ㄹ ㅈ   調 詷 謂   훈 / 음

③ ㅁ ㄱ ㅍ   品 晶 區   훈 / 음

④ ㄱ ㅅ ㄱ   梏 格 枯   훈 / 음

⑤ ㅆ ㅈ   種 稚 煙   훈 / 음

⑥ ㅂ ㄷ ㅂ   奏 春 奉   훈 / 음

⑦ ㅂ ㅌ ㅈ   筫 質 算   훈 / 음

⑧ ㅇ ㅈ ㄹ   良 民 艮   훈 / 음

⑨ ㄱ ㄹ ㅇ   養 裏 養   훈 / 음

⑩ ㅅ ㅍ ㅅ   惟 性 姓   훈 / 음

월 일

2 의미에 맞는 한자어를 연결한 후, 훈음에 맞은 한자를 보기 에서 찾아 써 보세요.

보기   奉　男　調　養　良　性　和　信　教　藥

① 서로 잘 어울려 균형을 이룸 ·　　· 남성

사내 남	성품 성

② 사회생활에 필요한 지식과 품성 ·　　· 조화

고를 조	화할 화

③ 어떤 사상이나 인물을 굳게 믿고 따름 ·　　· 양약

어질 량	약 약

④ 병을 고치는 좋은 약 ·　　· 신봉

믿을 신	받들 봉

⑤ 성별이 남자인 사람 ·　　· 교양

가르칠 교	기를 양

2 의미에 맞는 한자어를 연결한 후, 훈음에 맞은 한자를 보기 에서 찾아 써 보세요.

보기   質   各   商   體   偉   種   大   品   格   性

⑥ 각각의 여러 종류 •   • 상품

장사 상	물건 품

⑦ 훌륭하고 뛰어남 •   • 성질

성품 성	바탕 질

⑧ 사고파는 물품 •   • 각종

각각 각	씨 종

⑨ 몸의 겉모양 •   • 체격

몸 체	격식 격

⑩ 사물의 본바탕 •   • 위대

클 위	큰 대

문장 속 한자 익히기

3 문장 속 한자어의 독음을 보기 에서 골라 쓰세요.

보기

위대	학문	종자	온화	인품	효도	음악	양질
편안	봉양	농사	시조	자연	성격	신임	

황희 이야기

황희는 곧은 人品 **1.** 과 강직한 마음으로 조선의 일곱 임금에게 깊은 信任 **2.** 을 받았어요. 그는 백성을 위하여 良質 **3.** 의 種子 **4.** 를 널리 보급해 農事 **5.** 를 풍성하게 하고, 불편한 노비 제도를 고쳐 백성들의 삶을 便安 **6.** 하게 했지요. 또한 법을 정리해 나라의 질서를 세우고, 세종이 황금시대를 열 수 있도록 곁에서 큰 힘이 되었답니다. 사람들은 그를 偉大 **7.** 한 재상이라 부르며, 오늘날에도 황희를 지혜롭고 충직한 신하의 본보기로 기억하고 있어요.

맹사성 이야기

맹사성은 溫和 **8.** 한 性格 **9.** 과 청렴한 마음씨로 백성들의 존경을 받았어요. 그는 무엇보다도 어머니를 정성껏 奉養 **10.** 하여 효를 다했으며, 돌아가신 뒤에도 무덤 곁을 지키며 깊은 사랑을 보여주었지요. 맹사성은 學問 **11.** 뿐 아니라 音樂 **12.** 과 시에도 재능이 있어, 自然 **13.** 의 아름다움과 임금님께 바치는 마음을 時調 **14.** '강호사시가'에 담았어요. 그는 충성과 孝道 **15.** 를 실천하고, 학문과 예술에도 뛰어나, 오늘날까지 현명한 재상으로 존경받고 있답니다.

4 뜻에 알맞은 성어를 연결한 후, 문장에 어울리는 성어를 골라 쓰세요.

❶ 매우 뛰어나서 세상에서 견줄 만한 것이 없음, 또는 그러한 물품

❷ 비가 때 맞추어 알맞게 내리고 바람이 고르게 불어 줌

❸ 좋은 약은 입에 쓰다, 충성스러운 말은 귀에는 거슬리나 자신에게 이로움

우순풍조			
따 라 쓰 기			
비 우	순할 순	바람 풍	고를 조

천하일품			
따 라 쓰 기			
하늘 천	아래 하	한 일	물건 품

양약고구			
따 라 쓰 기			
어질 량	약 약	쓸 고	입 구

가
A: 이 케이크 내가 직접 만든 거다!
B: 와~ 맛이 □□□□ 이다... 빵집 차려도 되겠어.

나
A: 틀린 말은 아닌데, 듣고 나니까 기분이 조금 그렇네.
B: 그래도 다 우리가 이기기 위해 하는 말이니까, □□□□ 라고 생각하자.

다
A: 와, 채소 수확량이 엄청나네요!
B: 맞아요. 올해는 □□□□ 가 이어져서 모든 작물이 잘 자랐어요.

한자에서 빠진 부분을 찾아 완성하세요.

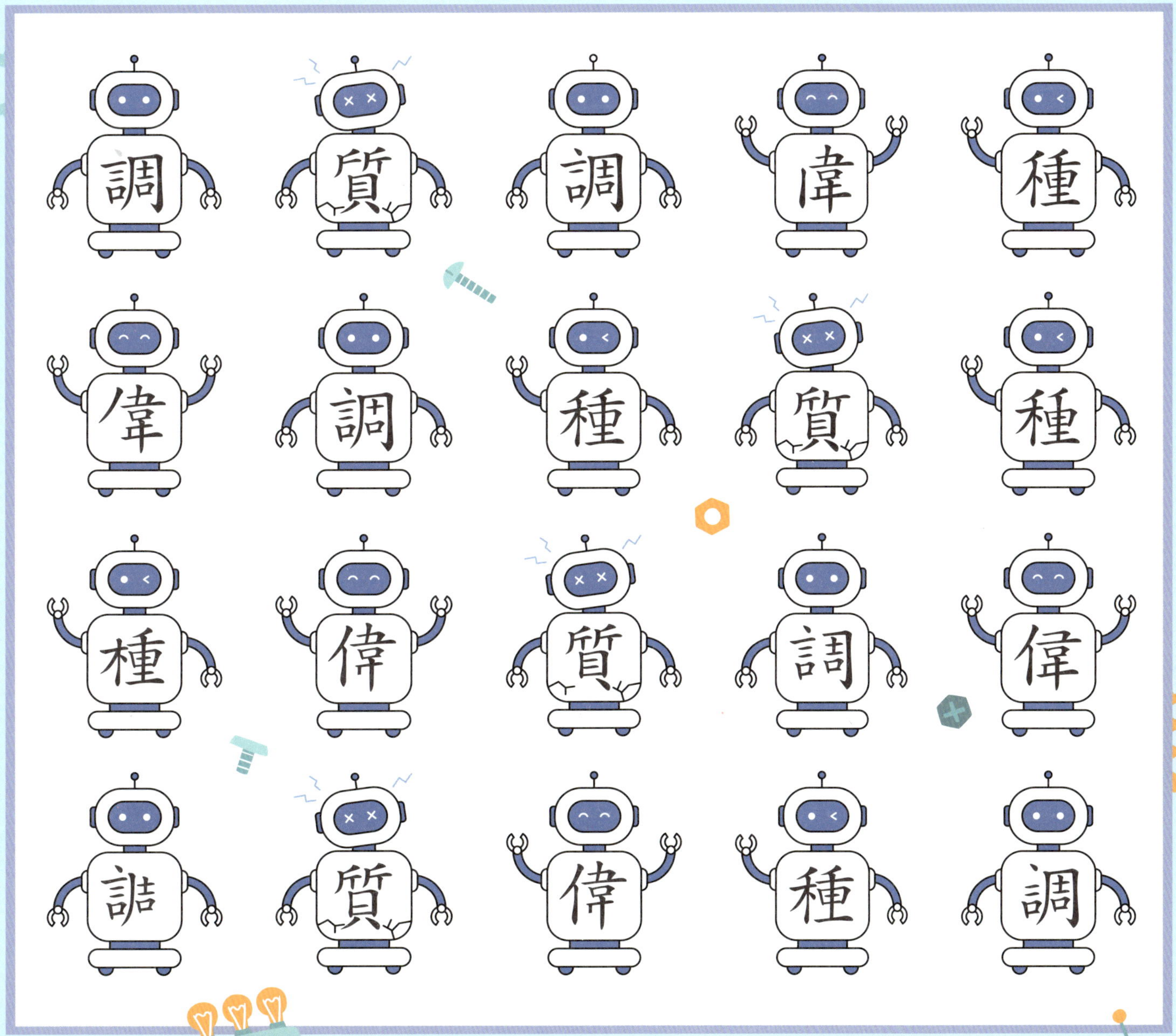

調　質　調　偉　種

偉　調　種　質　種

種　偉　質　調　偉

誯　質　偉　種　調

부수 氵(삼수변)　中 決(jué) 쥐에

7획 決決決決決決決

決 決 決

결단할 결　결단할 결　결단할 결

결단할 **결**

• **決心**(결심) : 어떤 일을 하기로 굳게 마음을 정함

부수 氵(삼수변)　中 法(fǎ) 파

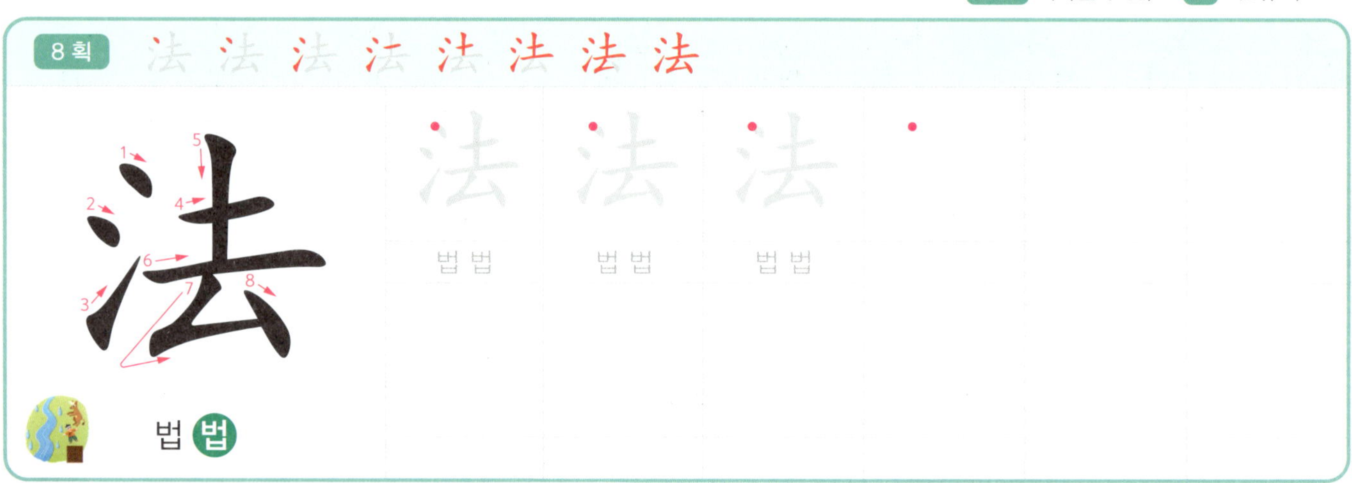

8획 法法法法法法法法

法 法 法

법법　법법　법법

법 **법**

• **文法**(문법) : 말을 규칙에 맞게 쓰는 법

부수 言(말씀 언)　中 变(biàn) 비엔

23획 言 言 絲 絲 絲 絲 絲 絲 絲 絲 絲 絲 絲 絲 變 變

變 變 變

변할 변　변할 변　변할 변

변할 **변**

• **變質**(변질) : 성질이 달라져 본래와 다르게 됨

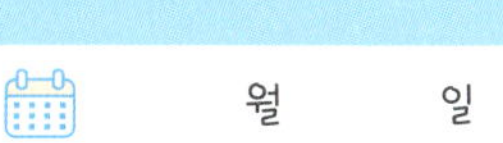

부수 田(밭 전)   中 当(dāng) 당

13 획 當 當 當 當 當 當 當 當 當 當 當 當 當

마땅 당   마땅 당   마땅 당

마땅 **당**

• 當然(당연) : 마땅히 그러함

부수 口(입 구)   中 商(shāng) 샹*

11 획 商 商 商 商 商 商 商 商 商 商 商

장사 상   장사 상   장사 상

장사 **상**

• 商店(상점) : 물건을 사고파는 가게

부수 广(엄호)   中 店(diàn) 디엔

8 획 店 店 店 店 店 店 店 店

가게 점   가게 점   가게 점

가게 **점**

• 店主(점주) : 가게를 실제로 소유하거나 운영하는 사람

부수 八(여덟 팔) 　中 具(jù) 쥐

8획 具 具 具 具 具 具 具 具

具 具 具
갖출 구　갖출 구　갖출 구

갖출 **구**

교과서 한자어 ・ 家具(가구) : 집에 두는 살림살이

부수 魚(물고기 어) 　中 鮮(xiān) 시엔

17획 鮮 鮮 鮮 鮮 鮮 鮮 鮮 鮮 鮮 鮮 鮮 鮮 鮮 鮮 鮮 鮮 鮮

鮮 鮮 鮮
고울 선　고울 선　고울 선

고울 **선**

교과서 한자어 ・ 朝鮮(조선) : 1392년에 이성계가 세워서 1910년까지 이어진 우리나라 왕조

부수 匕(비수 비) 　中 化(huà) 화

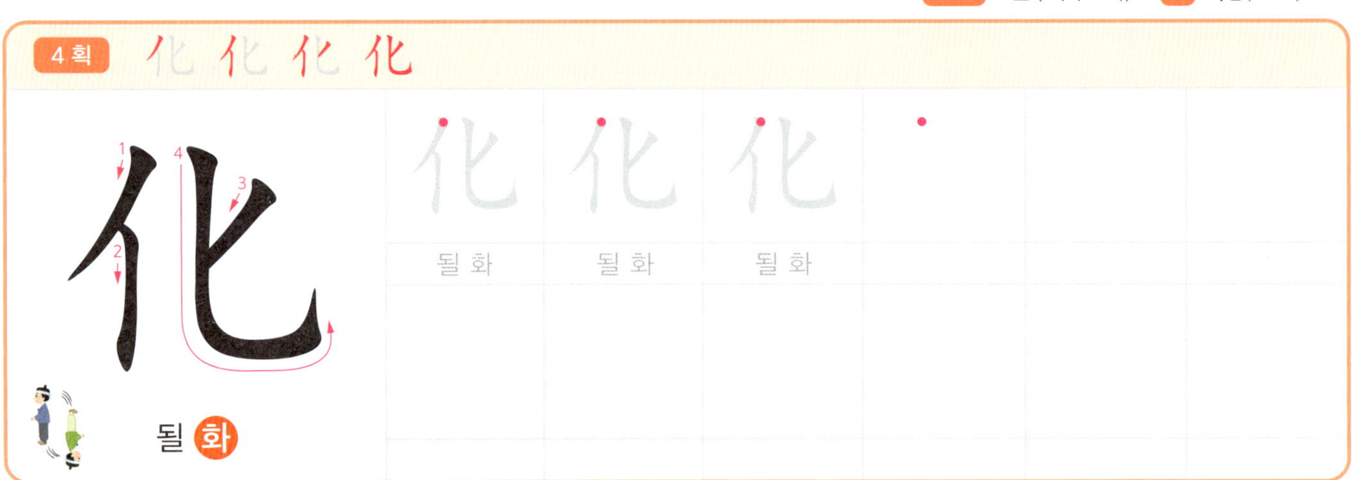

4획 化 化 化 化

化 化 化
될 화　될 화　될 화

될 **화**

교과서 한자어 ・ 化學(화학) : 자연의 원리를 연구하는 학문

부수　糸(실사변)　　中　练(liàn) 리엔

15획　練 練 練 練 練 練 練 練 練 練 練 練 練 練 練

練　익힐 련

練　익힐 련　　練　익힐 련　　練　익힐 련

교과서 한자어 · 練習(연습) : 익히고 반복해 배우는 일

生 鮮
생선

書 店
서점

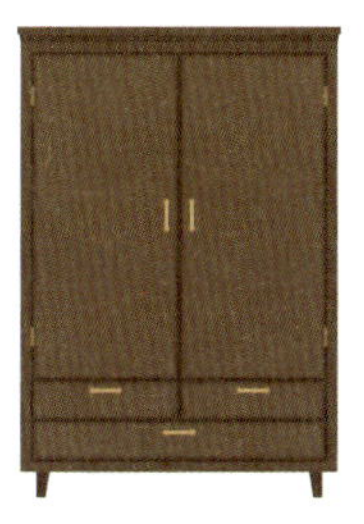

家 具
가구

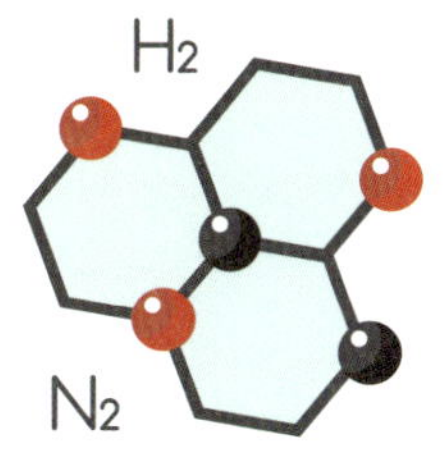

化 學
화학

한자 훈음 익히기

1 다음 초성 힌트에 맞는 한자에 ◯ 하고, 훈음을 써 보세요.

① ㅂ ㅂ　決 法 去　훈　음

② ㅈ ㅅ ㅅ　高 商 南　훈　음

③ ㄱ ㄱ ㅈ　店 唐 店　훈　음

④ ㅇ ㅎ ㄹ　煉 練 練　훈　음

⑤ ㄱ ㄴ ㅎ ㄱ　快 決 法　훈　음

⑥ ㄱ ㅇ ㅅ　洋 群 鮮　훈　음

⑦ ㅁ ㄸ ㄷ　當 堂 常　훈　음

⑧ ㄱ ㅊ ㄱ　真 具 貝　훈　음

⑨ ㅂ ㅎ ㅂ　彎 變 戀　훈　음

⑩ ㄷ ㅎ　北 花 化　훈　음

2 의미에 맞는 한자어를 연결한 후, 훈음에 맞은 한자를 보기 에서 찾아 써 보세요.

보기 法 商 習 主 文 店 練 店 心 決

① 말을 규칙에 맞게 쓰는 법 • • 연습

익힐 련	익힐 습

② 물건을 사고파는 가게 • • 문법

글월 문	법 법

③ 가게를 실제로 소유하거나 운영하는 사람 • • 상점

장사 상	가게 점

④ 익히고 반복해 배우는 일 • • 결심

결단할 결	마음 심

⑤ 어떤 일을 하기로 굳게 마음을 정함 • • 점주

가게 점	주인 주

2 의미에 맞는 한자어를 연결한 후, 훈음에 맞은 한자를 보기 에서 찾아 써 보세요.

보기　　鮮　變　朝　然　家　質　化　具　學　當

6 1392년에 이성계가 세워서 1910년까지 이어진 우리나라 왕조　　•　　•　화학

될 화	배울 학

7 마땅히 그러함　　•　　•　조선

아침 조	고울 선

8 집에 두는 살림살이　　•　　•　변질

변할 변	바탕 질

9 성질이 달라져 본래와 다르게 됨　　•　　•　당연

마땅 당	그럴 연

10 자연의 원리를 연구하는 학문　　•　　•　가구

집 가	갖출 구

문장 속 한자 익히기

3 문장 속 한자어의 독음을 보기 에서 골라 쓰세요.

보기

| 위대 | 당시 | 연습 | 천문학 | 변화 | 결심 | 상점 | 신분 |
| 법 | 태양 | 관심 | 조선 | 구현 | 훈민정음 | 문화 | |

세종대왕 이야기

세종대왕은 백성들이 글을 몰라 어려움을 겪는 모습을 늘 안타깝게 여겼어요. 새 法 **1.** 을 알리려 商店 **2.** 에 방을 붙여도, 장사꾼과 아낙네는 글을 몰라 이해하지 못했지요. 그래서 세종은 누구나 쉽게 배우고 조금만 練習 **3.** 하면 쓸 수 있는 글자를 만들겠다고 굳은 決心 **4.** 을 했어요. 학자들과 함께 연구한 끝에 訓民正音 **5.** 이 탄생했답니다. 이는 朝鮮 **6.** 시대 文化 **7.** 와 삶을 바꾼 偉大 **8.** 한 업적이 되었지요.

장영실 이야기

조선시대는 身分 **9.** 제도가 엄격했지만, 재능이 뛰어난 장영실은 세종의 눈에 띄어 벼슬을 얻었어요. 當時 **10.** 그는 天文學 **11.** 에 關心 **12.** 을 두고, 별과 太陽 **13.** 의 움직임을 살피는 기구를 만들었지요. 간의대와 혼천의 같은 발명품은 하늘의 이치를 그대로 具現 **14.** 해 계절의 變化 **15.** 를 알 수 있게 했어요. 낮은 신분이었지만 노력과 재능으로 나라에 큰 보탬이 된 장영실은 지금까지도 위대한 과학자로 기억되고 있답니다.

4 뜻에 알맞은 성어를 연결한 후, 문장에 어울리는 성어를 골라 쓰세요.

❶	❷	❸
싸움을 오래 끌지 않고 빨리 몰아쳐서 이기고 지는 것을 결정함	아주 오랜 세월 동안 변하지 않음	예전에 백성을 나누던 네 계급(선비, 농부, 수공업장인, 상인)

사농공상

따 라 쓰 기

선비 사	농사 농	장인 공	장사 상

만고불변

따 라 쓰 기

일만 만	예 고	아닐 불	변할 변

속전속결

따 라 쓰 기

빠를 속	싸움 전	빠를 속	결단할 결

가

A: 노력 없이 좋은 결과를 바라는 건 무리겠지?

B: 뿌린 대로 거둔다는 것은 ☐☐☐☐ 의 진리야.

나

A: 이번 팀 미션, 어떻게 할까?

B: 서로 역할을 나눠서 ☐☐☐☐ 로 끝내자!

다

A: 이번 신입생들 희망 직업 진짜 다양하더라.

B: 정말 ☐☐☐☐ 총출동이더라~ 변호사부터 농부까지 다 있어.

신나는 코딩 놀이

○ 조각난 한자가 모이면 어떤 글자가 될까요? 가운데 부수는 가로·세로 글자에 모두 들어가요.
가로조각끼리, 세로조각끼리 합쳐 완성된 한자를 빈칸에 써 보세요.

보기

決 法 變 當 商 店 具 鮮 化 練

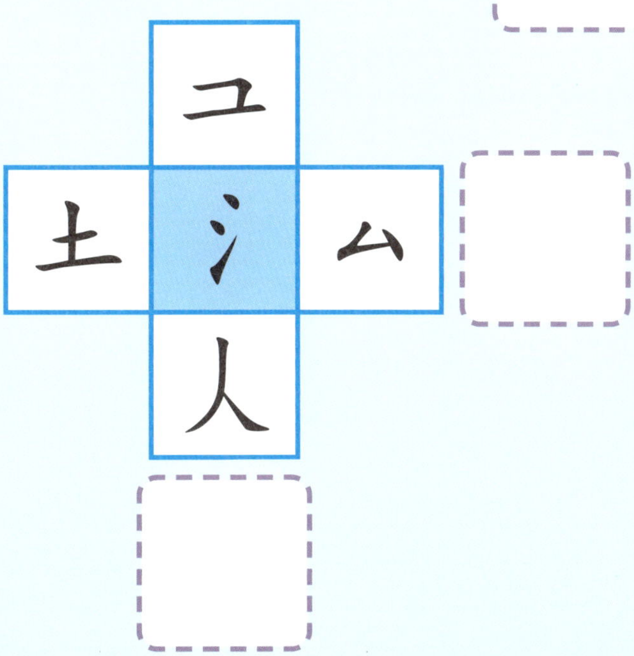

부수 生(날 생)　中 产(chǎn) 찬*

· 生産(생산) : 인간이 생활하는 데 필요한 물건을 만듦

부수 矢(화살 시)　中 知(zhī) 쯔*

· 通知(통지) : 어떤 사실이나 소식을 전하여 알림

부수 竹(대나무 죽)　中 节(jié) 지에

· 節約(절약) : 아껴 쓰는 것, 낭비하지 않음

부수 言(말씀 언)　中 识(shí) 스*

19 획　識 識 識 識 識 識 識 識 識 識 識 識

識　알 **식**

識 / 알 식　　識 / 알 식　　識 / 알 식

· 知識(지식) : 배워서 알게 된 것, 아는 내용

부수 門(문 문)　中 关(guān) 꾸안

19 획　關 關 關 關 關 關 關 關 關 關 關 關

關　관계할 **관**

關 / 관계할 관　　關 / 관계할 관　　關 / 관계할 관

· 關心(관심) : 어떤 일이나 대상을 마음에 두고 살피는 태도

부수 月(육달월)　中 能(néng) 넝

10 획　能 能 能 能 能 能 能 能 能 能

能　능할 **능**

能 / 능할 능　　能 / 능할 능　　能 / 능할 능

· 能力(능력) : 일을 해낼 수 있는 힘이나 재주

14 획　實 實 實 實 實 實 實 實 實 實 實 實 實 實

열매 실　열매 실　열매 실

열매 **실**

교과서 한자어
• **實**感(실감) : 실제로 느끼는 느낌

11 획　情 情 情 情 情 情 情 情 情 情

뜻 정　뜻 정　뜻 정

뜻 **정**

교과서 한자어
• 人**情**(인정) : 사람 사이에 오고 가는 따뜻한 마음

5 획　必 必 必 必 必

반드시 필　반드시 필　반드시 필

반드시 **필**

교과서 한자어
• **必**讀(필독) : 반드시 읽어야 함

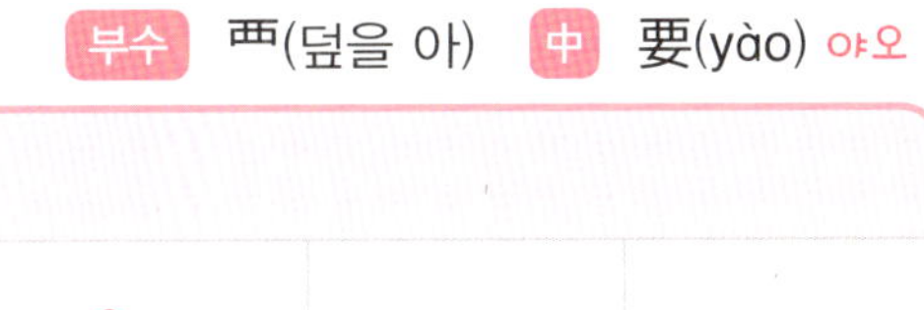

부수 襾(덮을 아) 中 要(yào) 야오

9획 要 要 要 要 要 要 要 要 要

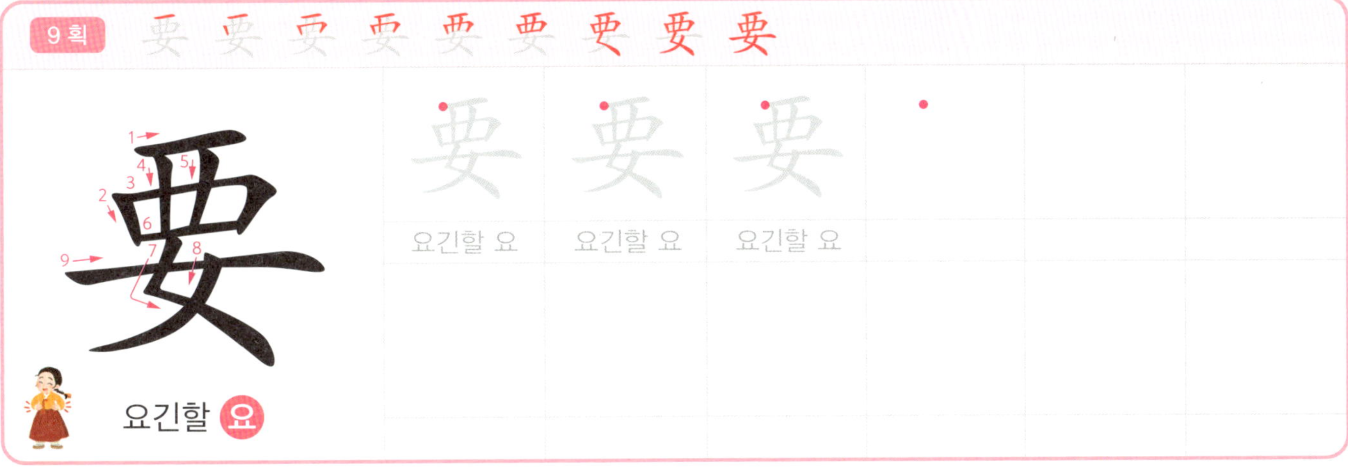

要

요긴할 요

要 要 要
요긴할 요   요긴할 요   요긴할 요

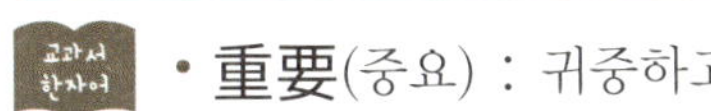

· **重要**(중요) : 귀중하고 요긴함

實 驗
실험

生 産
생산

節 約
절약

知 識
지식

1 다음 초성 힌트에 맞는 한자에 ○ 하고, 훈음을 써 보세요.

① ㄴ ㅎ ㄴ 　能 熊 態 　훈　　음
② ㅇ ㅅ 　職 識 織 　훈　　음
③ ㅂ ㄷ ㅅ ㅍ 　心 泌 必 　훈　　음
④ ㅁ ㄷ ㅈ 　節 卽 範 　훈　　음
⑤ ㄸ ㅈ 　掅 情 淸 　훈　　음
⑥ ㄱ ㄱ ㅎ ㄱ 　聞 開 關 　훈　　음
⑦ ㅇ ㅈ 　积 和 知 　훈　　음
⑧ ㅇ ㅁ ㅅ 　實 賓 賽 　훈　　음
⑨ ㄴ ㅇ ㅅ 　雇 嚴 産 　훈　　음
⑩ ㅎ ㄱ ㅎ ㅇ 　要 票 耍 　훈　　음

월   일

2 의미에 맞는 한자어를 연결한 후, 훈음에 맞은 한자를 보기 에서 찾아 써 보세요.

보기   感 通 要 生 必 讀 實 重 産 知

5

① 어떤 사실이나 소식을 전하여 알림   •   • 생산

날 생	낳을 산

② 실제로 느끼는 느낌   •   • 통지

통할 통	알 지

③ 반드시 읽어야 함   •   • 중요

무거울 중	요긴할 요

④ 귀중하고 요긴함   •   • 실감

열매 실	느낄 감

⑤ 인간이 생활하는 데 필요한 물건을 만듦   •   • 필독

반드시 필	읽을 독

보기　約　識　能　心　人　節　知　力　情　關

6　배워서 알게 된 것, 아는 내용　●　●　인정

사람 인	뜻 정

7　아껴 쓰는 것, 낭비하지 않음　●　●　능력

능할 능	힘 력

8　어떤 일이나 대상을 마음에 두고 살피는 태도　●　●　절약

마디 절	맺을 약

9　사람 사이에 오고 가는 따뜻한 마음　●　●　지식

알 지	알 식

10　일을 해낼 수 있는 힘이나 재주　●　●　관심

관계할 관	마음 심

문장 속 한자 익히기

3 문장 속 한자어의 독음을 [보기]에서 골라 쓰세요.

[보기]

출산   결심   사물   사실   인물   시절   여성   지식
애정   자연   실물   학문   관심   학자   재능

신사임당 이야기

신사임당은 어린 **時節** 1. ______ 부터 **自然** 2. ______ 과 그림에 깊은 **關心** 3. ______ 을 보였어요. 풀과 벌레 같은 작은 **事物** 4. ______ 에도 따뜻한 **愛情** 5. ______ 을 쏟아붓고, 그림으로 그려내는 **才能** 6. ______ 이 뛰어났지요. 그녀가 그린 초충도 속 벌레는 **實物** 7. ______ 처럼 생생해 닭이 먹이로 착각했다는 이야기도 전해져요. 또 글과 시에도 재능을 보이며 조선 **女性** 8. ______ 예술가의 본보기가 되었답니다. 무엇보다 일곱 아이를 **出産** 9. ______ 해 정성을 다해 길러내, 훗날 현명한 어머니의 상징으로 기억되었지요.

율곡 이이 이야기

신사임당의 셋째 아들 율곡 이이는 어머니의 가르침 속에서 **學問** 10. ______ 에 힘썼어요. 어려서부터 **知識** 11. ______ 을 쌓는 일에 즐거움을 느끼며, 나라에 꼭 **必要** 12. ______ 한 **人物** 13. ______ 이 되고자 **決心** 14. ______ 했지요. 그는 학문을 깊이 연구하고 정치에도 뜻을 두어, 올바른 삶의 길을 열어 주는 글을 남겼어요. 《격몽요결》은 단순한 지식을 넘어 젊은이들이 바르게 살아가도록 돕는 책으로 쓰였답니다. 율곡은 조선을 걱정하며 큰 사상을 펼쳐, 지금도 존경받는 **學者** 15. ______ 로 길이 남아 있지요.

4 뜻에 알맞은 성어를 연결한 후, 문장에 어울리는 성어를 골라 쓰세요.

❶	❷	❸
사실 그대로 고함	하나를 들으면 열을 앎	정이 많고 감정이 풍부함

다정다감

따 라 쓰 기

많을 다	뜻 정	많을 다	느낄 감

이실직고

따 라 쓰 기

써 이	열매 실	곧을 직	고할 고

문일지십

따 라 쓰 기

들을 문	한 일	알 지	열 십

가
A: 너 선생님이 예시 하나만 들어줬는데 어떻게 다 풀어?
B: ☐☐☐☐ 이지 뭐~ 나 천재 인정?

나
A: 너 왜 지각했어, 자느라 늦었지?
B: 응, ☐☐☐☐ 할게... 알람 세 번이나 꺼버렸어.

다
A: 너 애들 다 챙겨주는 거 보면 진짜 엄마 같아.
B: ☐☐☐☐ 이 내 매력 포인트거든.

먼저 퍼즐에서 한자의 뜻을 찾아 ◯ 하고, 뜻과 같은 색으로 한자를 색칠해 보세요.

알	낳	다	필	하	시	논	다	알	리	다	내	일
반	요	필	하	시	니	안	하	닫	보	배	관	산
드	마	먹	능	보	요	긴	하	다	지	절	게	개
시	작	마	다	열	뜻	병	펼	선	재	끝	하	써
마	치	디	육	지	전	능	하	다	병	사	다	다
바	알	쓰	다	전	묻	재	펼	열	능	다	마	다
낳	산	다	보	바	지	내	다	매	가	스	티	노

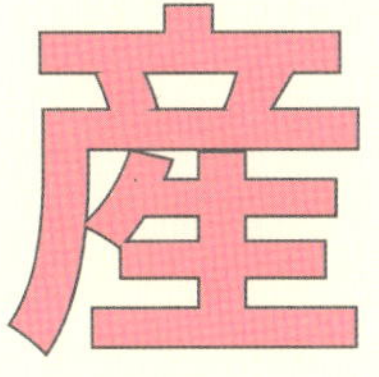

產　知　節　關

能　實　情　必　要

총정리문제

1 유의자 : 훈음에 맞는 한자를 찾아 쓰세요.

보기 | 責　格　物　陸　偉　約

1 배가 멀리 항해하다가 마침내 **육지**에 도착했다.

[　] 뭍 륙 ＝ 地 땅 지

2 친구와 한 **약속**은 꼭 지켜야 한다.

[　] 맺을 약 ＝ 束 묶을 속

3 세종대왕은 한글을 만든 **위대**한 왕이다.

[　] 클 위 ＝ 大 큰 대

4 캠핑을 갈 때 필요한 **물품**을 미리 준비했다.

[　] 물건 물 ＝ 品 물건 품

5 결혼식은 **격식**있는 예식장에서 열렸다.

[　] 격식 격 ＝ 式 법 식

6 맡은 일은 끝까지 하는 것이 **책임**있는 행동이다.

[　] 꾸짖을 책 ＝ 任 맡길 임

총정리문제

2 유의자 : 훈음에 맞는 한자를 찾아 쓰세요.

보기 果　決　養　練　知　變

1 부모님은 우리를 사랑으로 **양육**하셨다.

☐ 기를 양 ＝ 育 기를 육

2 매일 **연습**을 하니 피아노 실력이 많이 늘었다.

☐ 익힐 련 ＝ 習 익힐 습

3 우리는 회의에서 소풍 장소를 **결정**했다.

☐ 결단할 결 ＝ 定 정할 정

4 계절의 **변화**에 따라 옷차림도 달라진다.

☐ 변할 변 ＝ 化 될 화

5 책을 읽으면 새로운 **지식**을 얻을 수 있다.

☐ 알 지 ＝ 識 알 식

6 나무에 빨갛게 익은 **과실**이 주렁주렁 열렸다.

☐ 실과 과 ＝ 實 열매 실

총정리문제

3 동음이의어 : 두 단어의 공통된 독음을 쓰고 문장의 의미에 맞는 한자어에 ◯ 하세요.

1
| 二男 | 두 번째 아들 |
| 以南 | 기준으로 삼는 곳보다 남쪽 |

서울 二男 | 以南 지방에는 오늘 비가 내릴 예정이다.

2
| 全文 | 글 전체의 내용 |
| 傳聞 | 다른 사람을 통하여 전해 들음 |

그 소식은 직접 들은 게 아니라 全文 | 傳聞 에 불과하다.

3
| 史記 | 역사적 사실을 기록한 책 |
| 士氣 | 자신감으로 충만하여 굽힐 줄 모르는 기세 |

사마천이 쓴 史記 | 士氣 는 한나라 이전의 역사를 정리한 중국의 역사서이다.

4
| 傳記 | 한 사람의 삶을 기록한 글 |
| 電氣 | 물질 안 전자의 이동으로 생기는 에너지 형태 |

위인의 電氣 | 傳記 를 읽으며 감명을 받았다.

5
| 四神 | 동·서·남·북 네 방위를 수호하는 신 |
| 使臣 | 나라의 명을 받고 외국에 파견되던 신하 |

조선은 명나라에 使臣 | 四神 을 보냈다.

6
| 來歷 | 지금까지 지내온 경로나 경력 |
| 內力 | 안에서 생겨나는 힘, 속의 힘 |

그는 여러 나라를 다니며 다양한 일을 겪은 독특한 內力 | 來歷 을 지닌 인물이다.

4 동음이의어 : 두 단어의 공통된 독음을 쓰고 문장의 의미에 맞는 한자어에 ◯ 하세요.

1

| 樹種 | 나무의 종류 |
| 數種 | 몇 가지 종류 |

이 공원에는 여러 樹種 | 數種 의 나무가 자란다.

2

| 時調 | 우리나라의 전통적인 정형시 |
| 始祖 | 맨 처음이 되는 조상 |

그는 아름다운 우리말 리듬을 살린 時調 | 始祖 를 지었다.

3

| 洋式 | 서양식의 형식이나 양식 |
| 良識 | 뛰어난 식견이나 건전한 판단 |

洋式 | 良識 있는 사람이라면 그런 행동은 하지 않을 것이다.

4

| 結社 | 같은 뜻을 가진 사람들이 모여 만든 단체 |
| 決死 | 죽기를 각오하고 결심함 |

독립운동가들이 의지를 품고 비밀리에 結社 | 決死 를 조직했다.

5

| 仙道 | 신선이 되기 위한 도나 수행법 |
| 鮮度 | 생선이나 야채 따위의 신선한 정도 |

이 식품은 仙道 | 鮮度 가 오래 유지된다.

6

| 當身 | 듣는 사람을 가리키는 이인칭 대명사 |
| 堂神 | 집안의 안녕을 지켜주는 신 |

이번 일에 관해서 當身 | 堂神 의 의견을 듣고 싶다.

1

失禮	예의에 어긋남, 무례한 행동
實例	구체적인 실제의 예

그는 자신의 경험을 失禮 | 實例 로 들어 설명했다.

2

公算	가능성이나 확률, 특히 성공할 확률
工産	원료를 인력이나 기계력으로 가공한 물건

자동차는 대표적인 公算 | 工産 품이다.

3

衣食	입을 것과 먹을 것, 의복과 음식
意識	깨어 있는 상태에서 인식하는 작용

그는 사고 후 잠시 衣食 | 意識 을 잃었다.

4

兵士	군대에 속하여 싸우는 사람, 군인
病死	병으로 죽음

전쟁터에서 많은 兵士 | 病死 들이 용감하게 싸웠다.

5

消火	불을 끔
消化	음식물을 몸 안에서 분해하여 흡수함

기름진 음식은 消火 | 消化 가 느리다.

6

實名	실제의 이름
失明	시력을 잃어 앞을 못 보게 됨

보고서에는 누가 작성했는지 작성자의 實名 | 失明 을 남기는 것이 원칙이다.

6

1 결 結 法 決 級

2 구 圖 具 區 卒

3 당 當 部 答 堂

4 병 病 通 奉 兵

5 양 場 洋 養 陸

| 6 | 재 |  | 在　材　以　再 |

| 7 | 정 |  | 英　定　店　情 |

| 8 | 전 |  | 的　傳　展　種 |

| 9 | 지 | 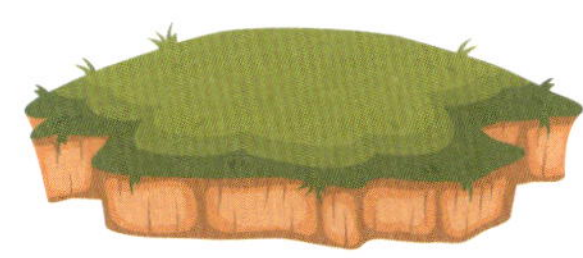 | 地　質　知　和 |

| 10 | 화 |  | 畫　晝　化　必 |

1단계   p.8

1

① 村 (材) 林   재목 재
② 丘 岳 (兵)   병사 병
③ (展) 屋 屈   펼 전
④ 土 七 (士)   선비 사
⑤ (卒) 來 平   마칠 졸
⑥ (傳) 傳 博   전할 전
⑦ 絡 級 (結)   맺을 결
⑧ 汄 (以) 从   써 이
⑨ 旳 (的) 敁   과녁 적
⑩ 陞 陵 (陸)   뭍 륙

2

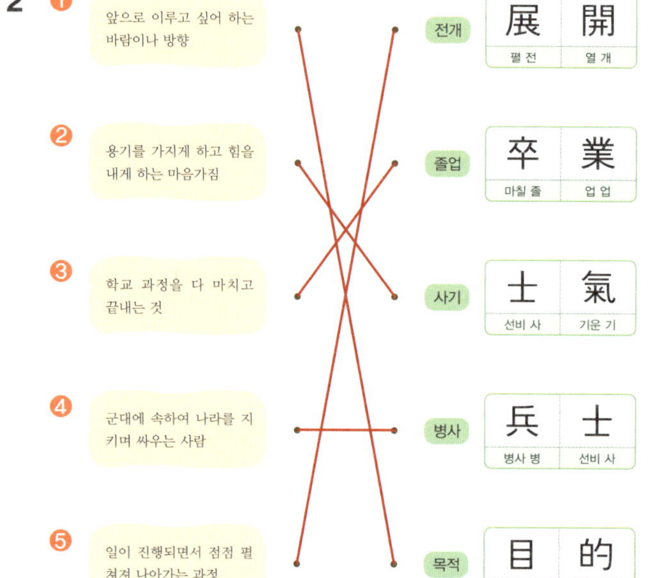

① 앞으로 이루고 싶어 하는 바람이나 방향 — 전개 — 展 開 (펼 전, 열 개)
② 용기를 가지게 하고 힘을 내게 하는 마음가짐 — 졸업 — 卒 業 (마칠 졸, 업 업)
③ 학교 과정을 다 마치고 끝내는 것 — 사기 — 士 氣 (선비 사, 기운 기)
④ 군대에 속하여 나라를 지키며 싸우는 사람 — 병사 — 兵 士 (병사 병, 선비 사)
⑤ 일이 진행되면서 점점 펼쳐 나아가는 과정 — 목적 — 目 的 (눈 목, 과녁 적)

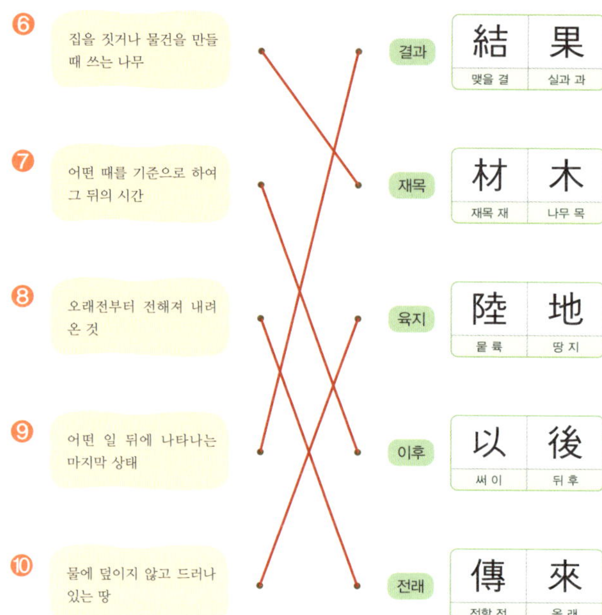

⑥ 집을 짓거나 물건을 만들 때 쓰는 나무 — 결과 — 結 果 (맺을 결, 실과 과)
⑦ 어떤 때를 기준으로 하여 그 뒤의 시간 — 재목 — 材 木 (재목 재, 나무 목)
⑧ 오래전부터 전해져 내려온 것 — 육지 — 陸 地 (뭍 륙, 땅 지)
⑨ 어떤 일 뒤에 나타나는 마지막 상태 — 이후 — 以 後 (써 이, 뒤 후)
⑩ 물에 덮이지 않고 드러나 있는 땅 — 전래 — 傳 來 (전할 전, 올 래)

3

1. 병졸   2. 승리   3. 백성
4. 사기   5. 병사   6. 결과
7. 이외   8. 용기   9. 전
10. 인재   11. 전술   12. 적중
13. 육지   14. 전개   15. 별명

4

① – 이심전심
② – 자고이래
③ – 대재소용

㉮ 자고이래   ㉯ 대재소용   ㉰ 이심전심

신나는 코딩 놀이

병사 병   써 이
선비 사   과녁 적
재목 재   마칠 졸

1
1. 巨 匝 (臣)   신하 신
2. 億 (德) 健   큰 덕
3. 級 (約) 結   맺을 약
4. (束) 東 柬   묶을 속
5. 区 凸 (凶)   흉할 흉
6. 貝 具 (見)   볼 견
7. (責) 貢 貴   꾸짖을 책
8. 任 (任) 仕   맡길 임
9. 曆 曆 (歷)   지날 력
10. (史) 吏 更   사기 사

2

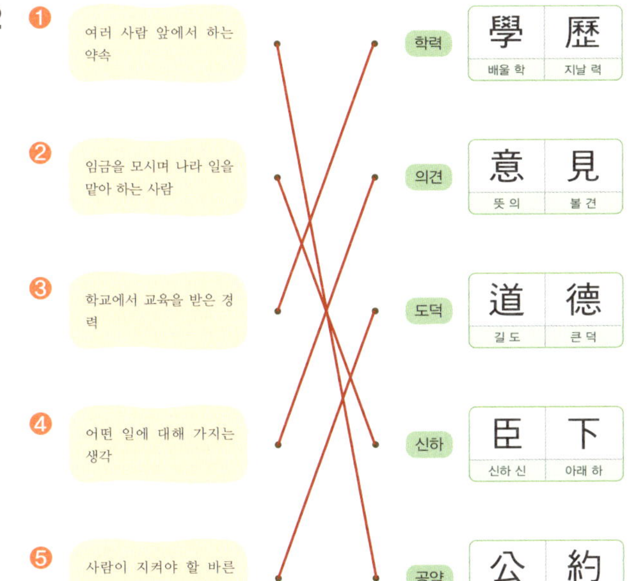

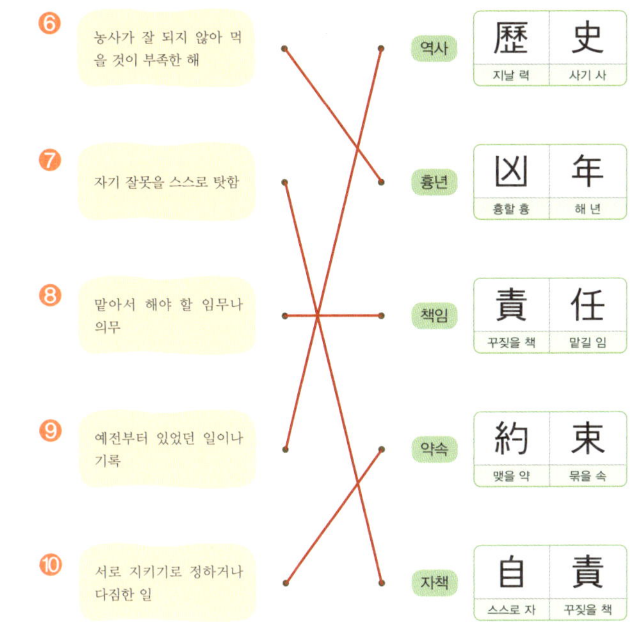

3

1. 세조	2. 신하	3. 행동
4. 부도덕	5. 왕위	6. 약속
7. 흉악	8. 후세	9. 사육신
10. 역사	11. 반대	12. 의견
13. 용기	14. 책임	15. 생육신

4
1. – 견물생심
2. – 선견지명
3. – 흉악무도

㉮ 견물생심   ㉯ 흉악무도   ㉰ 선견지명

신나는 코딩 놀이

歷	見	責	德	凶	束	約	任	史	臣
束	臣	任	史	約	見	歷	凶	責	德
責	德	見	任	臣	凶	史	束	約	歷
史	束	凶	約	歷	任	責	臣	德	見
凶	約	歷	臣	德	史	見	責	任	束
見	任	史	責	束	歷	臣	德	凶	約
約	史	束	見	責	德	凶	歷	臣	任
臣	歷	德	凶	任	責	束	約	見	史
德	責	約	歷	史	臣	任	見	束	凶
任	凶	臣	束	見	約	德	史	歷	責

3단계

p.28

1

① 惇 (偉) 偉 클 위
② (調) 調 誹 고를 조
③ (品) 晶 區 물건 품
④ 梏 (格) 柏 격식 격
⑤ (種) 稚 煙 씨 종
⑥ 奏 春 (奉) 받들 봉
⑦ 貨 (質) 算 바탕 질
⑧ (良) 民 艮 어질 량
⑨ 養 裏 (養) 기를 양
⑩ 惟 (性) 姓 성품 성

2

① 서로 잘 어울려 균형을 이룸 — 男 性 (사내 남 / 성품 성) 남성
② 사회생활에 필요한 지식과 품성 — 調 和 (고를 조 / 화할 화) 조화
③ 어떤 사상이나 인물을 굳게 믿고 따름 — 良 藥 (어질 량 / 약 약) 양약
④ 병을 고치는 좋은 약 — 信 奉 (믿을 신 / 받들 봉) 신봉
⑤ 성별이 남자인 사람 — 敎 養 (가르칠 교 / 기를 양) 교양

⑥ 각각의 여러 종류 — 商 品 (장사 상 / 물건 품) 상품
⑦ 훌륭하고 뛰어남 — 性 質 (성품 성 / 바탕 질) 성질
⑧ 사고파는 물품 — 各 種 (각각 각 / 씨 종) 각종
⑨ 몸의 겉모양 — 體 格 (몸 체 / 격식 격) 체격
⑩ 사물의 본바탕 — 偉 大 (클 위 / 큰 대) 위대

3

1. 인품　　2. 신임　　3. 양질
4. 종자　　5. 농사　　6. 편안
7. 위대　　8. 온화　　9. 성격
10. 봉양　　11. 학문　　12. 음악
13. 자연　　14. 시조　　15. 효도

4

① – 천하일품
② – 우순풍조
③ – 양약고구

㉮ 천하일품　　㉯ 양약고구　　㉰ 우순풍조

신나는 코딩 놀이

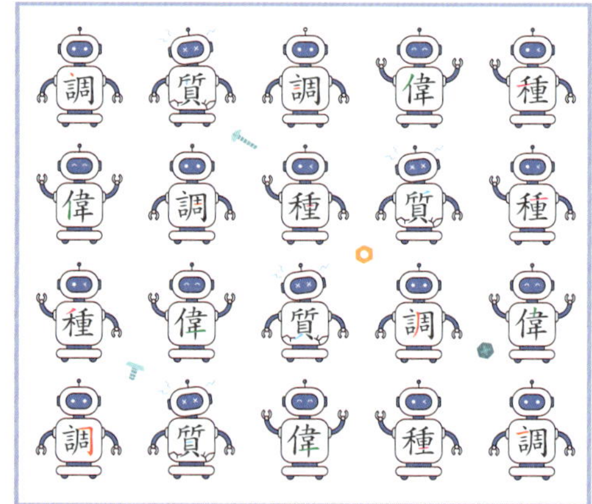

1

① 決 (法) 去   법 법
② 高 (商) 南   장사 상
③ (店) 唐 痁   가게 점
④ 煉 練 (練)   익힐 련
⑤ 快 (決) 法   결단할 결
⑥ 洋 群 (鮮)   고울 선
⑦ (當) 堂 常   마땅 당
⑧ 眞 (具) 貝   갖출 구
⑨ 彎 (變) 戀   변할 변
⑩ 北 花 (化)   될 화

2

① 말을 규칙에 맞게 쓰는 법 — 문법 文法 (글월 문 / 법 법)
② 물건을 사고파는 가게 — 상점 商店 (장사 상 / 가게 점)
③ 가게를 실제로 소유하거나 운영하는 사람 — 점주 店主 (가게 점 / 주인 주)
④ 익히고 반복해 배우는 일 — 연습 練習 (익힐 련 / 익힐 습)
⑤ 어떤 일을 하기로 굳게 마음을 정함 — 결심 決心 (결단할 결 / 마음 심)

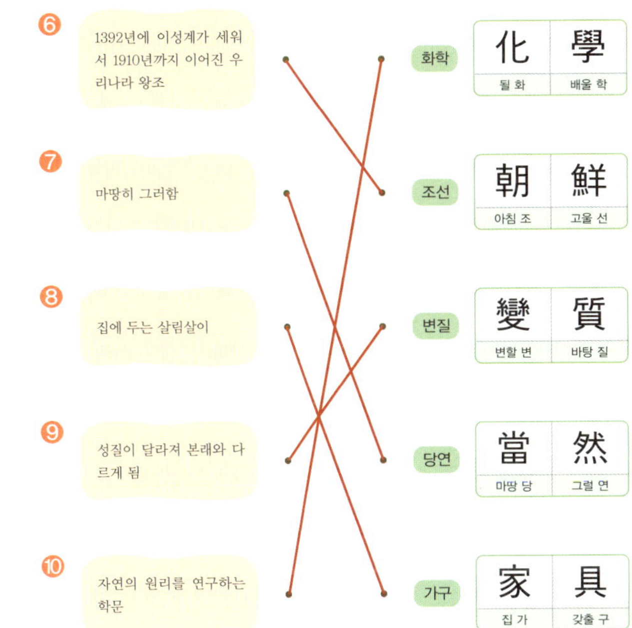

⑥ 1392년에 이성계가 세워서 1910년까지 이어진 우리나라 왕조 — 조선 朝鮮 (아침 조 / 고울 선)
⑦ 마땅히 그러함 — 당연 當然 (마땅 당 / 그럴 연)
⑧ 집에 두는 살림살이 — 가구 家具 (집 가 / 갖출 구)
⑨ 성질이 달라져 본래와 다르게 됨 — 변질 變質 (변할 변 / 바탕 질)
⑩ 자연의 원리를 연구하는 학문 — 화학 化學 (될 화 / 배울 학)

3

1. 법	2. 상점	3. 연습
4. 결심	5. 훈민정음	6. 조선
7. 문화	8. 위대	9. 신분
10. 당시	11. 천문학	12. 관심
13. 태양	14. 구현	15. 변화

4

① ㉯ – 속전속결
② ㉮ – 만고불변
③ ㉰ – 사농공상

㉮ 만고불변   ㉯ 속전속결   ㉰ 사농공상

신나는 코딩 놀이

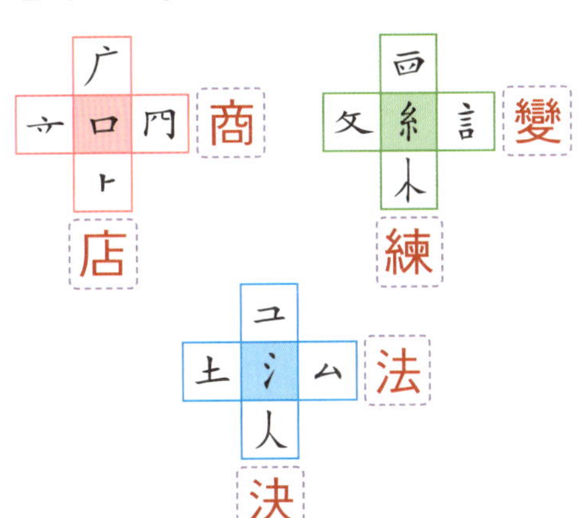

5단계   p.48

1
① 能 熊 態   능할 능
② 職 識 織   알 식
③ 心 泌 必   반드시 필
④ 節 卽 範   마디 절
⑤ 挮 情 淸   뜻 정
⑥ 聞 開 關   관계할 관
⑦ 积 和 知   알 지
⑧ 實 賓 賽   열매 실
⑨ 雇 嚴 産   낳을 산
⑩ 要 票 耍   요긴할 요

2

① 어떤 사실이나 소식을 전하여 알림 — 생산 生 産 (날 생 / 낳을 산)
② 실제로 느끼는 느낌 — 통지 通 知 (통할 통 / 알 지)
③ 반드시 읽어야 함 — 중요 重 要 (무거울 중 / 요긴할 요)
④ 귀중하고 요긴함 — 실감 實 感 (열매 실 / 느낄 감)
⑤ 인간이 생활하는 데 필요한 물건을 만듦 — 필독 必 讀 (반드시 필 / 읽을 독)

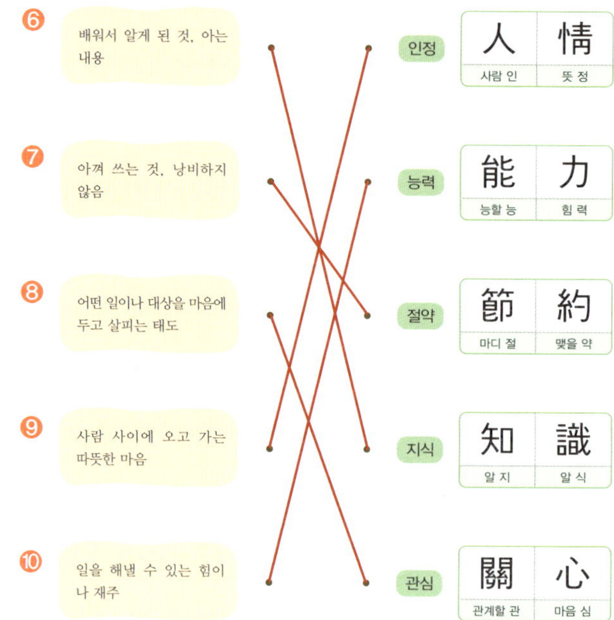

⑥ 배워서 알게 된 것, 아는 내용 — 인정 人 情 (사람 인 / 뜻 정)
⑦ 아껴 쓰는 것, 낭비하지 않음 — 능력 能 力 (능할 능 / 힘 력)
⑧ 어떤 일이나 대상을 마음에 두고 살피는 태도 — 절약 節 約 (마디 절 / 맺을 약)
⑨ 사람 사이에 오고 가는 따뜻한 마음 — 지식 知 識 (알 지 / 알 식)
⑩ 일을 해낼 수 있는 힘이나 재주 — 관심 關 心 (관계할 관 / 마음 심)

3
1. 시절   2. 자연   3. 관심
4. 사물   5. 애정   6. 재능
7. 실물   8. 여성   9. 출산
10. 학문   11. 지식   12. 필요
13. 인물   14. 결심   15. 학자

4
① – 이실직고
② – 문일지십
③ – 다정다감

㉮ 문일지십   ㉯ 이실직고   ㉰ 다정다감

신나는 코딩 놀이

알	낳	다	필	하	시	논	다	알	리	다	내	일
반	요	필	하	시	니	안	하	닫	보	배	관	산
드	마	먹	능	보	요	긴	하	다	지	절	계	개
시	작	마	다	열	뜻	병	펼	선	재	끝	하	써
마	치	디	육	지	전	능	하	다	병	사	다	다
바	알	쓰	다	전	물	재	펼	열	능	다	마	다
낳	산	다	보	바	지	내	다	매	가	스	티	노

총정리문제

p.55

1

1 陸
2 約
3 偉
4 物
5 格
6 責

2

1 養
2 練
3 決
4 變
5 知
6 果

3

1 이남　二男 | 以南
2 전문　全文 | 傳聞
3 사기　史記 | 士氣
4 전기　電氣 | 傳記
5 사신　使臣 | 四神
6 내력　內力 | 來歷

4

1 수종　樹種 | 數種
2 시조　時調 | 始祖
3 양식　洋式 | 良識
4 결사　結社 | 決死
5 선도　仙道 | 鮮度
6 당신　當身 | 堂神

5

1 실례　失禮 | 實例
2 공산　公算 | 工産
3 의식　衣食 | 意識
4 병사　兵士 | 病死
5 소화　消火 | 消化
6 실명　實名 | 失明

6

1 結 法 決 級
2 圖 具 區 卒
3 當 部 答 堂
4 病 通 奉 兵
5 場 洋 養 陸
6 在 材 以 再
7 英 定 店 情
8 的 傳 展 種
9 地 質 知 和
10 畵 晝 化 必

초판 발행   2026년 1월 20일

저자   허은지 · 박진미
발행인   이기선
발행처   제이플러스
삽화   김효지
등록번호   제10-1680호
등록일자   1998년 12월 9일
주소   경기도 고양시 덕양구 향동로 217
구입문의   02-332-8320
팩스   02-332-8321
홈페이지   www.jplus114.com
ISBN   979-11-5601-311-2